LA

CHRONIQUE DE NANTES

(ÉDITION MERLET)

PAR

ARTHUR DE LA BORDERIE

de l'Institut

TYPOGRAPHIE OBERTHUR, A RENNES

1897

LA

CHRONIQUE DE NANTES

(ÉDITION MERLET)

PAR

ARTHUR DE LA BORDERIE

de l'Institut

TYPOGRAPHIE OBERTHUR, A RENNES

1897

LA

CHRONIQUE DE NANTES [1]

(ÉDITION MERLET)

La *Chronique de Nantes* est l'un des documents les plus importants pour l'histoire de Bretagne des IXe, Xe siècles et commencement du XIe. Tous nos historiens la citent, et cependant elle était jusqu'ici bien mal connue. L'édition donnée par D. Lobineau en 1707, reproduite littéralement par D. Morice, est très défectueuse, ce qui n'a rien d'étonnant, puisqu'en 1707 l'un des textes les plus nécessaires pour établir celui de la *Chronique* n'était pas publié. L'ouvrage de M. René Merlet n'est donc pas une nouvelle édition de la *Chronique de Nantes*, en réalité c'est la première, la seule qui nous la présente dans son ensemble et dans son entier, — et pour marquer de suite mon sentiment, cette édition est un petit chef-d'œuvre de critique.

La tâche était difficile, car tous les manuscrits de cette chronique (s'il y en a eu plusieurs) sont perdus; aucun manuscrit n'en fournit le texte complet. On savait seulement que la compilation historique du XVe siècle dite *Chronique de Saint-*

(1) *La Chronique de Nantes,* publiée avec introduction et notes, par RENÉ MERLET, archiviste d'Eure-et-Loir, Paris, Alphonse Picard, éditeur, 82, rue Bonaparte, 1896. In-8° de LXX et 167 pages.

Brieuc[1] en doit contenir de nombreux extraits; qu'il en est de même d'un document assez étendu publié en 1717 par D. Martène sous le titre de *Fragmentum historiæ Britanniæ Armoricæ*[2]; qu'enfin certains recueils manuscrits compilés au XVe siècle présentent des récits relatifs au XIe provenant aussi de la *Chronique de Nantes*. Mais comment reconnaître avec certitude la valeur de ces divers éléments? Comment les agencer et les mettre en œuvre? Comment repêcher dans la *Chronique de Saint-Brieuc* les morceaux de celle de Nantes? Comment vérifier exactement la qualité attribuée au *Fragment* de D. Martène et aux récits des recueils manuscrits? Comment replacer ces divers morceaux dans l'ordre primitif de la *Chronique* et former de tous ces membres épars un corps bien constitué? Il fallait pour cela un critérium, un fil conducteur très sûr : où le trouver?

Notre vieil historien Pierre Le Baud, mort en 1505, qui écrivait sur la fin du XVe siècle, était en fait de critique historique fort au-dessus de son époque. Son *Histoire de Bretagne* (imprimée seulement en 1638) se compose d'une série de traductions et de résumés très fidèles d'anciens textes latins tirés de chroniques, chartes, annales et autres documents, dont l'auteur indique avec soin le titre et la provenance, comme un érudit de nos jours met ses références en note au bas de la page. Tous les passages de cette *Histoire* dont l'origine est indiquée par ces mots : « Dit *la Chronique de Nantes*, — dit *l'acteur de la Chronique de Nantes*, » M. René Merlet les a découpés dans le texte de Le Baud, puis recousus ensemble suivant l'ordre chronologique.

Par là, la *Chronique de Nantes* s'est trouvée reconstituée en entier, de l'an 841 à 1049, sous forme d'analyse et de tra-

---

duction française. Pour passer de là à la forme primitive, à la forme latine de la Chronique, il a suffi de rapprocher successivement le texte de Le Baud : 1° de là *Chronique de Saint-Brieuc*, 2° du *Fragmentum* publié par D. Martène, 3° des morceaux contenus dans les compilations manuscrites du XV° siècle. Voici le résultat de cette opération.

Le texte de la Chronique, partagé en XLVIII chapitres[1], remplit 141 pages in-8°. Le tableau suivant indique d'où provient le texte latin de chacun de ces chapitres.

Chap. I à V......... Chronique de Saint-Brieuc.
 — VI à X....... Chron. de S.-B. et *Fragmentum historiæ Britanniæ Armoricæ.*
 — XI, XII....... *Fragmentum.*
 — XIII......... Chron. de S.-B. et *Fragmentum.*
 — XIV..... .... Chron. de S.-B.
 — XV à XX..... *Fragmentum.*
 — XXI......... Chron. de S.-B. et *Fragmentum.*
 — XXII à XXVII.. Chron. de S.-B.
 — XXVIII ...... Pierre Le Baud.
 — XXIX à XXXIV. Chron. de S.-B.
 — XXXV....... P. Le Baud.
 — XXXVI à XLII. Chron. de S.-B.
 — XLIII à XLV .. P. Le Baud.
 — XLVI à XLVIII. Compilations ms. du XV° s.

Ainsi, sur ces 48 chapitres, 7 existent à la fois dans la *Chronique de Saint-Brieuc* et dans le *Fragmentum historiæ Britanniæ Armoricæ* (chap. 6 à 10, 13, 21); — 25 existent seulement dans la *Chronique de S.-B.* (1 à 5, 14, 22 à 27, 29 à 34, 36 à 42); 8 seulement dans le *Fragmentum*

[1] Et non en LII, comme l'a dit récemment un critique, qui a aussi désigné le ms. fr. 8266 de la Biblioth. Nat. comme une *Histoire* ABRÉGÉE *des princes et ducs de Bretagne* de Pierre Le Baud, tandis que cette version inédite de l'*Histoire de Bretagne* est presque partout plus développée que la version imprimée en 1638.

(11, 12, 15 à 20) ; 3 se trouvent dans les compilations manuscrites du XV⁰ siècle (46 à 48). Il reste 5 chap. (28, 35, 43 à 45), dont on n'a pas jusqu'ici retrouvé le texte latin. M. Merlet a d'ailleurs fourni au lecteur le moyen de juger lui-même de la valeur de son procédé, en plaçant partout en face du texte latin la version de Le Baud : rapprochement qui ne peut laisser le moindre doute sur la scrupuleuse fidélité des traductions de cet auteur. Aussi, pour les cinq chapitres connus seulement par Le Baud (28, 35, 43 à 45), on ne peut hésiter à voir dans cette version la reproduction exacte, non seulement quant au fond mais quant aux principales expressions, du texte original.

Grâce à cette restitution aussi ingénieuse dans son procédé que solide et concluante dans son résultat, on a ici, pour la première fois, le texte complet[1] de la *Chronique de Nantes* dans sa suite logique et son ordre chronologique. On peut donc juger maintenant le plan général de l'œuvre, le dessein et la pensée de l'auteur, le but en vue duquel il a écrit.

Le plan, le but apparent de cette œuvre, c'est de retracer les vicissitudes de l'église de Nantes pendant deux siècles, de 841 à 1049. Le chroniqueur s'écarte rarement de son sujet ; s'il s'occupe des événements politiques, c'est parce qu'ils ont une influence plus ou moins considérable sur les affaires ecclésiastiques de ce diocèse. A côté de cela il y a une pensée que l'auteur, sauf en deux ou trois passages, n'exprime pas ouvertement, mais qui l'anime et le dirige constamment, qui bien que parfois atténuée, dissimulée, perce partout : c'est l'hostilité contre les Bretons et surtout contre la métropole de Dol, créée par Nominoë au grand détriment de la métropole franke et française de Tours. A le bien prendre, en y regardant de près, on pourrait dire que cette œuvre est un mémoire histo-

---

(1) Même peut-être un peu plus que complet, car j'ai peine à croire que le chapitre I⁰ʳ de l'édition de M. Merlet ait fait partie de la *Chronique de Nantes*. Je ne m'arrête pas à discuter ce point, en réalité peu important puisqu'il est certain que le texte sérieux, le texte historique de la *Chronique* commence seulement au chapitre II.

rique au soutien des droits de Tours contre les prétentions de
Dol.

Cette unité de plan et de pensée d'un bout à l'autre de la
Chronique est très importante à constater; car elle prouve que
cette chronique est l'œuvre d'une seule main, d'un seul auteur,
par conséquent aussi d'une seule époque. A cet égard, il
pouvait y avoir quelque doute. Dans un passage qui se rapporte
à l'an 866, le chroniqueur dit que les Bretons de Guérande ont
abjuré *usque modo*, c'est-à-dire « *jusqu'à présent* », la juri-
diction des évêques de Nantes, pour reconnaître celle des
évêques de Vannes. Il ajoute un peu plus loin que cette usurpation des évêques de Vannes sur ceux de Nantes cessa seulement sous le règne du duc de Bretagne Alain le Grand, qui
mourut en 907 [1]. Donc si le chroniqueur affirme que cette
usurpation subsiste encore de son temps (*usque modo*), il écrivait forcément avant 907. La *Chronique* se poursuivant jusqu'en
l'an 1049, aurait eu à ce compte au moins deux auteurs. Mais
l'unité de style, de plan, de pensée qui y règne d'un bout à
l'autre, repousse cette dualité. M. Merlet a donc eu raison
d'attribuer ici à l'expression *usque modo*, non le sens d'*usque
nunc* (jusqu'à présent) qui est sa signification ordinaire, mais
celui d'*usque tunc* (jusqu'alors), justifié d'ailleurs par un autre
passage de la Chronique (p. 50).

La conclusion, c'est que l'ouvrage est d'une seule main,
donc d'une seule époque, et a dû être écrit vers le milieu du
XIe siècle. M. Merlet serre la question de plus près, il cherche
quelle pouvait être la situation de l'auteur dans la société de
son temps et les circonstances sous l'influence desquelles il a
produit cette œuvre. Le résultat de cette recherche est très satis-
faisant et même très curieux; mais — M. Merlet le reconnaît —
il eût peut-être été difficile d'y arriver sans l'excellent mémoire
critique publié en 1895, sur les épiscopats d'Airard et de Quiriac.

(1) Voir *Chronique de Nantes*, édit. Merlet, p. 64 et 79.

par M. René Blanchard, qui a merveilleusement débrouillé l'histoire et la chronologie de ces deux évêques[1].

Budic, évêque de Nantes, ayant été déposé pour simonie au concile de Reims en 1049, le pape Léon IX nomma directement à ce siège, sans consulter ni le chapitre ni les évêques comprovinciaux, un prêtre italien, Airard, abbé du monastère de Saint-Paul de Rome, avec la mission d'accomplir en ce diocèse de nombreuses réformes, les unes ne concernant que les clercs, les autres touchant à la fois clercs et laïques. Les premières avaient surtout pour objet de combattre et supprimer la simonie, les autres de retirer des mains des laïques les paroisses, dimes et biens ecclésiastiques, dont beaucoup avaient été usurpés et *féodalisés* par les seigneurs. Pour détruire ces abus sans soulever une trop vive agitation, il fallait joindre à la fermeté beaucoup d'habileté, de prudence et d'adresse. Airard était peut-être mal pourvu de ces dernières qualités, ou bien il négligea d'en user ; fort des instructions du pape et poussé par l'archevêque de Tours, il entra dans le diocèse de Nantes comme en pays conquis et procéda aux réformes sans rien ménager, on pourrait dire sabre en main. De toutes parts éclata la résistance. Soulèvement dont la puissance s'accrut singulièrement par les changements survenus dans la dynastie comtale de Nantes.

Juste en l'année 1050 où Airard prit possession de l'évêché, la mort sans enfant de Mathias Ier, comte de Nantes, fit passer ce comté à sa tante Judith, c'est-à-dire à Alain Canhiart comte de Cornouaille, mari de Judith, puis à Hoël de Cornouaille leur fils. Ces princes vinrent s'établir à Nantes avec une nombreuse suite de seigneurs, d'amis, de courtisans, sortis aussi du fond de la Cornouaille : on peut juger si ces nouveaux venus, avec leur tête de Bretons bretonnants, devaient être disposés à

accepter docilement toutes les volontés, toutes les violences de
cet abbé italien. Entre lui et ses partisans s'appuyant sur la
France, surtout sur Tours, d'une part, et d'autre les Bretons et
les Nantais, la lutte devint de plus en plus vive. Bientôt ce fut
une vraie bataille. Dans une lettre écrite vers 1054-1055, ou
plutôt dans un réquisitoire des plus vifs, le comte, le clergé et
le peuple de Nantes demandent au pape de les délivrer d'Airard,
« qui, disent-ils. n'a pour eux aucune affection et ne peut s'en-
» tendre avec les gens de bien ; homme indigne non seulement
» de l'épiscopat, mais de toute dignité quelconque, incapable de
» gérer aucune administration ; homme vain, brouillon, imper-
» tinent, sans crédit, sans poids, sans mesure, sans cesse en
» contradiction avec lui-même. » Et la conclusion est que « les
» Nantais ayant rejeté son autorité, sont résolus à ne la subir
» désormais à aucun prix [1]. » On voit à quel point d'excitation
les esprits étaient montés.

M. Merlet prouve fort bien que l'auteur de la *Chronique de
Nantes* était chanoine de Nantes sous Airard, par conséquent
partisan d'Airard et adversaire du parti breton, ce qui explique
tout naturellement l'hostilité anti-bretonne de la *Chronique* et
fixe l'époque de sa rédaction. De pareils sentiments ne pouvaient
en effet se donner carrière que sous la protection et l'influence
de l'italien Airard, c'est-à-dire de 1050 à 1059, car sitôt celui-ci
parti, l'administration du diocèse passa aux mains de Quiriac,
frère du comte de Cornouaille Hoël, et l'un des chefs du parti
breton. — Avant M. Merlet, personne ne s'était avisé de ces
déductions historiques (préparées, il est vrai, par le mémoire de
M. Blanchard), grâce auxquelles le nouvel éditeur a su fixer,
avec une évidence saisissante, incontestable, l'époque, les con-
ditions, le but de la composition de la *Chronique de Nantes*.
Jusqu'ici sur cette chronique planait le doute, l'incertitude, une
sorte de mystère. Désormais tout est clair : l'origine, la valeur

---

(1) Voir D. Morice, *Preuves*, I, col. 397.

du document, les passions qui ont pu troubler l'auteur, les pré-
cautions à prendre pour tirer bon parti de son témoignage.

Bien qu'atteint et convaincu de partialité anti-bretonne, ce
témoignage n'est point à dédaigner. Cette chronique est le seul
document qui nous représente la suite des faits notables advenus
dans la région nantaise depuis le milieu du IXe siècle jusqu'au XIe.
L'auteur a eu à sa disposition toutes les archives de l'évêché de
Nantes et de la métropole de Tours, contenant à coup sûr des
documents nombreux et importants disparus depuis lors, entre
autres, sur le rôle, les agissements du principal adversaire de
Nominoë et de l'influence bretonne au IXe siècle, le fameux
évêque Actard. Le chroniqueur a consulté — lui-même le dit et
M. Merlet le confirme — de vieux récits bretons contemporains
de cette époque, et recueilli sur le Xe siècle des traditions encore
très vivantes au commencement du XIe. Enfin, il paraît intel-
ligent, et quand son esprit de parti n'est pas en jeu, il est assez
équitable, assez modéré, même envers les Bretons. Il ne faut
donc pas de prime abord rejeter son témoignage, mais il faut
le surveiller, le contrôler, surtout dans les questions où sa
passion anti-bretonne s'est donné carrière, notamment dans
l'histoire des affaires ecclésiastiques de Bretagne sous Nominoë.

Sur ce point, M. Merlet s'est livré à un examen critique
fort intéressant, dont le résultat aboutit à mettre la question
dans un jour nouveau. Il remarque d'abord que la prétendue
création des trois évêchés de Dol, Tréguer et Saint-Brieuc par
Nominoë, est absolument invraisemblable, controuvée et fausse,
— car on n'en trouve trace dans aucun des documents ecclésiastiques du IXe siècle dirigés contre Nominoë, lesquels n'auraient
pas manqué de lui reprocher durement, s'il l'avait commise,
cette flagrante usurpation dans le domaine religieux. Il y a
mieux : un de ces documents (la lettre synodique du concile de
Soissons au pape Nicolas Ier en 866) constate l'existence d'un
évêque de Dol avant les entreprises de Nominoë, et la *Vie de
S. Samson*, quasi-contemporaine de ce saint, prouve que

c'est Samson lui-même qui fonda, au VIe siècle, cet évêché. Cette prétendue création des trois évêchés, imaginée vers l'an 1050 par l'ennemi acharné de la métropole de Dol dans l'intention évidente de ruiner celle-ci, est donc une fable, — mais ce n'est pas la seule que recèle ce passage de la *Chronique de Nantes.*

Sur l'affaire des évêques simoniaques chassés de Bretagne par Nominoë, le chroniqueur avoue que ces prélats, ayant confessé leur crime, déposèrent leurs crosses et leurs anneaux pastoraux[1], ce qui était se démettre de leurs évêchés; mais ils l'auraient fait, selon lui, sous des menaces de mort, que Nominoë leur aurait fait porter par un de ses affidés. Cependant — M. Merlet le prouve — le chroniqueur n'a connu cette affaire que par les *Actes de S. Convoion* (récit contemporain), par la lettre synodique déjà citée du concile de Soissons, et par une autre lettre du pape Nicolas Ier au roi breton Salomon, de l'an 866. D'après les *Actes de S. Convoion*, les simoniaques avaient d'abord, en Bretagne et à Rome, librement confessé leur simonie: dès lors, quel besoin d'user de violence pour leur tirer cet aveu? D'autre part, la lettre synodique de Soissons, qui soutient vivement les simoniaques, ne fait aucune mention des prétendues violences exercées contre eux, et le pape Nicolas, qui les défend lui-même fortement, se borne à dire : « Ces » évêques ont confessé le crime qu'on leur reprochait, mais *on* » *peut croire* qu'ils l'ont fait par crainte, en voyant le roi et » les laïques conjurés contre eux (*Chron. Namnet.*, p. 60). » *Credi potest,* le pape n'ose pas dire autre chose : c'est bien faible, bien vague, bien incertain. Pourtant, c'est de là uniquement que le chroniqueur de Nantes a tiré ce noir roman, dramatiquement machiné, des terribles menaces de mort et de faux témoignages, révélées aux simoniaques par un perfide

____

(1) « Se culpabiles esse, toto conventu audiente, professi sunt, et *depositis virgis et annulis* fugerunt ad regem Karolum » (*Chron. Namnet.*, édit. Merlet, p. 38).

courtisan du roi breton. Donc, sur toute l'histoire des affaires ecclésiastiques de Bretagne au temps de Nominoë, le témoignage de la *Chronique de Nantes*, suivi comme article de foi par certains auteurs habituellement moins crédules, doit être rejeté, et la vérité cherchée ailleurs[1].

On le voit par ce qui précède, M. Merlet ne s'est pas borné à retrouver et à reconstituer de la façon la plus satisfaisante le texte de la *Chronique*; il a étudié, élucidé avec une critique très habile, très pénétrante et très exercée, les principales questions historiques auxquelles ce texte se rapporte. Il en a aussi recherché les sources avec beaucoup de soin, et comme ces sources sont très diverses, il s'est efforcé d'en distinguer, d'en préciser les divers caractères. Il y a d'abord les sources ecclésiastiques qui semblent les plus abondantes : chartr et cartulaires, documents officiels des archives de Nantes et de Tours, correspondances des prélats nantais, en particulier d'Actard. Outre cela, en ce qui touche les événements politiques et militaires, M. Merlet prouve très bien que le chroniqueur a dû avoir à sa disposition et mettre à profit d'anciennes annales bretonnes des IX⁰ et X⁰ siècles, dont on retrouve encore quelques fragments en dehors de la *Chronique de Nantes*, soit en latin dans les compilations manuscrites du XV⁰ siècle mentionnées ci-dessus, soit en traduction française dans l'*Histoire de Bretagne* de Pierre Le Baud. Il y a enfin les traditions orales qui, sur les événements de la seconde moitié du X⁰ siècle, devaient être encore fidèlement conservées au commencement du XI⁰ et furent recueillies alors, de la bouche des contemporains et des témoins oculaires, par l'auteur de la *Chronique*. Parmi ces traditions, il en est plusieurs dans lesquelles la vérité historique, quelque peu altérée par des imaginations populaires, prend ce qu'on nomme aujourd'hui la couleur légendaire. Je

---

(1) Pour la critique du récit de la *Chronique de Nantes* relatif aux affaires ecclésiastiques du règne de Nominoë, voir l'édit. Merlet, pp. XLVIII à LVI, p. 39, note 1; p. 54, note 3.

ne vois pas bien, par exemple, pourquoi on rangerait dans ce nombre les exploits de chasse du grand vainqueur des Normands, du vigoureux athlète des Bretons, le duc Alain Barbetorte, sous prétexte qu'il aurait combattu les ours et les sangliers avec une massue au lieu d'une lance. Pour un héros de cette trempe, ce n'est pas là un grand prodige. Quant au mot de sa veuve qui, voyant après la mort d'Alain les Normands recommencer leurs invasions, s'écria : « Il est tombé, le grand pieu planté à l'em- » bouchure de la Loire, qui faisait peur aux Normands! » — ce mot dut venir à tout le monde et être dit par bien d'autres que la veuve (voir p. XLVII, 88, 112).

Ce qu'on pourrait bien mettre, au contraire, dans la légende, avec les quatre chapitres du *Livre des miracles de l'église de Nantes* publiés à la suite de la Chronique, c'est la mirifique description de la cathédrale de saint Félix, avec sa merveilleuse escarboucle apportée d'Alexandrie qui illuminait pendant la nuit toute la basilique (p. 1-2).

La plupart des éditeurs de documents historiques, même ceux qui se gênent pour établir soigneusement leurs textes, les impriment ensuite tels quels, sans notes, sans éclaircissements, laissant le lecteur se tirer comme il peut des difficultés, des énigmes que posent devant lui telles expressions singulières, tels noms propres de lieux et d'hommes peu connus, sans donner aucune date, aucun fil conducteur pour faciliter l'usage du document. — M. Merlet, et je l'en félicite, a suivi une méthode tout opposée : son texte est accompagné de notes abondantes, critiques et chronologiques, qui éclairent cons- tamment le texte et permettent au lecteur de le suivre et de le comprendre sans peine. A remarquer, entre autres, les notes sur le comte Lambert, sur Actard, évêque de Nantes, et sur Gislard son compétiteur, sur la date d'une lettre du pape Nicolas Ier au roi Salomon (p. 62, n. 2), etc. A propos de Gislard, peut-être M. Merlet ne s'est-il pas servi d'un terme tout à fait exact, en disant que le roi breton Erispoë créa en sa faveur

« *le diocèse de Guérande* » (p. 64, n. 1), et « réunit, après la mort
» de Gislard, ce territoire à l'évêché de Vannes » (p. 43, n. 2).
— Nominoë substitua abusivement Gislard à Actard sur le siège
de Nantes ; Erispoë rétablit Actard, et Gislard s'étant réfugié
au milieu des populations bretonnes du pays de Guérande,
Erispoë et Salomon après lui laissèrent ces Bretons de Guérande
libres de reconnaître pour leur pasteur d'abord le Breton Gislard,
ensuite (dès 852) l'évêque de Vannes, aussi de race bretonne ;
mais il n'y eut ni érection de diocèse ni réunion de territoire au
diocèse voisin. La preuve, c'est que les chartes de Redon
indiquent, dans les mêmes paroisses, comme évêque en exer-
cice, tantôt Actard et tantôt l'évêque de Vannes, parfois même
l'un et l'autre concurremment. Je note le fait pour sa singu-
larité seulement, car l'erreur en question est bien légère.

Je finis par où j'aurais peut-être dû commencer, en indiquant
l'ordre et les diverses parties de la publication de M. Merlet.

D'abord, une très substantielle, très critique et très lucide
Introduction (pp. I à LXVI) divisée en cinq chapitres :
I. *Éditions et manuscrits utilisés pour reconstituer la Chro-
nique de Nantes.* — II. *Établissement du texte.* — III. *Le
Chroniqueur de Nantes.* — IV. *Sources de la Chronique.* —
V. *Conclusion.* — Suit le texte du *Chronicon Namnetense*, de
pp. 1 à 141, divisé en 48 chapitres, imprimé sur deux colonnes,
l'original latin à gauche, la traduction de Le Baud à droite. —
Le texte des *Miracula ecclesiæ Namnetensis*, pp. 143-148. —
Enfin la table alphabétique des noms de lieux et de personnes,
pp. 149-165.

Entre l'Introduction et le texte de la *Chronique*, l'éditeur
donne de ce texte un *sommaire* analytique, par chapitre, qui
facilite les recherches et permet d'embrasser aisément l'ensemble de la matière historique formant l'objet de la *Chronique*.
Cette matière se partage en cinq grandes divisions : I. *Le comte
Lambert et Nominoë* (841 à 843, chap. 2 à 7). — II. *Actard
et Nominoë* (843 à 875, chap. 8 à 20). — III. *Époque d'Alain*

le Grand (874 à 919, chap. 21 à 28). — IV. *Alain Barbetorte*
(919 à 952, chap. 29 à 36). — V. *Lutte des comtes de Nantes,
postérité d'Alain Barbetorte, contre les comtes de Rennes*
(952 à 1049, chap. 37 à 48).

Première partie. — C'est l'ouverture du drame historique
deux fois séculaire retracé par la *Chronique*; c'est le soulèvement de Nominoë chef des Bretons, la conquête du comté de
Nantes et du pays de Retz par son allié le comte Lambert.

Deuxième partie. — C'est la délivrance de la Bretagne, la
fondation de la monarchie bretonne par Nominoë, et — comme
opposition — c'est la lutte acharnée d'Actard, évêque de Nantes
(le héros de la *Chronique*), contre Nominoë et contre son œuvre,
contre l'influence bretonne sous ce prince et sous ses deux
successeurs, Erispoë et Salomon.

Troisième partie. — La grande invasion des Normands en
Bretagne commence. Alain le Grand, comte de Nantes et de
Broweroc, l'arrête pendant près de trente ans (878 à 907) et fait
de grands biens aux évêques et à l'église de Nantes. Lui mort,
l'invasion reprend plus intense et couvre peu à peu la Bretagne.

Quatrième partie. — En 919, l'occupation, la dévastation de
la Bretagne par les Normands est complète. La plus grande
partie des Bretons s'expatrie, cherchant un refuge soit en
Angleterre, soit dans l'intérieur de la France. En 937, Alain
Barbetorte, comte de Poher, à la tête d'une troupe de braves,
rentre en Bretagne, inflige aux Normands plusieurs défaites, et
les chasse de Nantes. Tous les Bretons rentrent en Bretagne,
achèvent de la nettoyer des Normands et s'y rétablissent en
corps de nation sous les ordres d'Alain Barbetorte, comte de
Nantes, *duc de Bretagne.*

La *cinquième partie* retrace la longue lutte des comtes de
Nantes, descendants de Barbetorte, contre les comtes de
Rennes, pour la conquête de la dignité ducale et de la suzeraineté de toute la Bretagne. Cette lutte a deux phases : dans la
première (960 à 992), Conan le Tort, comte de Rennes, a succes-

sivement pour adversaires Hoël et Guèrech, comtes de Nantes, fils l'un et l'autre d'Alain Barbetorte; il triomphe et périt dans son triomphe. La seconde phase (992 à 1040) nous montre, malgré cette mort, la descendance de Conan (Geoffroi, son fils, Alain, son petit-fils, tous deux comtes de Rennes) conservant la dignité ducale, la suzeraineté de toute la Bretagne et imposant cette suzeraineté aux comtes de Nantes.

J'ai tenu, avant de terminer, à tracer de la *Chronique de Nantes* ce résumé rapide qui, malgré sa brièveté, permet d'apprécier l'étendue considérable de la matière historique contenue dans ce document, l'importance capitale des événements dont il a gardé le souvenir et qui, le plus souvent, ne sont connus que par lui.

Cette importance donne précisément la mesure du service rendu par l'excellent éditeur, qui vient, non seulement de reconstituer ce document dont on n'avait que des fragments informes, mais, à parler juste, de le ressusciter avec tous ses membres remis dans leur ordre naturel, avéc sa date précise, son origine, sa signification, sa vie intime, sa valeur réelle, trop ignorées jusqu'ici. Service précieux et des plus utiles, je le répète, rendu à la science historique française, spécialement à l'histoire de Bretagne.

Extrait des *Annales de Bretagne*
N° de janvier 1897.

Typ. Oberthür, Rennes (36-97).